Atención plena: Los 10 mejores consejos para superar obsesiones y compulsiones utilizando el Atención Plena & Presupesto Minimalista En Español

El siguiente Book se presenta con la finalidad de proporcionar información lo más precisa y fiable posible. A pesar de esto, la compra de este Book puede considerarse como un consentimiento de que, tanto el editor como el autor de este libro, no son de ninguna manera expertos en los temas tratados en él y que cualquier recomendación o sugerencia que se haga en el presente documento, es sólo para fines de entretenimiento. Se deben consultar a los profesionales cuando sea necesario antes de emprender cualquiera de las acciones aquí aprobadas.

Esta declaración es considerada justa y válida tanto por la Asociación Americana de Abogados como por el Comité de la Asociación de Editores y es legalmente vinculante en todos los Estados Unidos.

Además, la transmisión, duplicación o reproducción de cualquiera de los siguientes trabajos, incluyendo información específica, se considerará un acto ilegal, independientemente de si se realiza por vía electrónica o impresa. Esto se extiende a la creación de una copia secundaria o terciaria de la obra o de una copia grabada y sólo se permite con el consentimiento expreso por escrito de la Editorial. Todos los derechos adicionales están reservados.

La información de las páginas siguientes se considera, en general, como un relato veraz y preciso de los hechos y, como tal, cualquier falta de atención, uso o mal uso de la información en cuestión por parte del lector, hará que las acciones resultantes queden exclusivamente bajo su responsabilidad. No hay escenarios en los que el editor o el autor original de este trabajo puedan ser considerados, de alguna manera, responsables por cualquier dificultad o daño que les pueda ocurrir después de haber realizado la información aquí descrita.

Además, la información de las páginas siguientes está destinada únicamente a fines informativos y, por lo tanto, debe considerarse como universal. Como corresponde a su naturaleza, se presenta sin garantía de su validez prolongada o de su calidad provisional. Las marcas registradas que se mencionan se hacen sin consentimiento por escrito y de ninguna manera pueden ser consideradas como un endoso del titular de la marca registrada.

Tabla de Contenidos

Atención plena

Los 10 mejores consejos para superar obsesiones y compulsiones utilizando el Atención Plena - Mindfulness Spanish Version

Introducción

Hace veinte años, la idea de estar consciente de forma plena fue relegada en gran medida a las religiones orientales y a las ideas de la Nueva Era. Hoy en día, sin embargo, los investigadores y la población en general están descubriendo cada vez más que estar consciente plenamente tiene beneficios increíbles para ayudar a las personas a lidiar con el estrés y la ansiedad de la vida diaria. Incluso puede ayudar a reconectar su cerebro para estar más calmado y optimista!

Este libro trata específicamente sobre la consciencia plena o mindfulness como una forma de ayudar a las personas que sufren de TOC. Porque para muchas personas, el TOC está asociado con el estrés y la ansiedad, y la consciencia plena puede ayudar a aliviar algunos de los síntomas. Este libro le dará 10 consejos diferentes para estar atento, así como algunos pasos prácticos que puede tomar para implementar esos consejos en su vida diaria. El resultado deseado es que usted podrá obtener más control sobre sus síntomas del TOC y podrá vivir una vida más productiva y plena.

Capítulo 1: ¿Qué es el TOC?

El trastorno obsesivo-compulsivo, comúnmente conocido como TOC, es un trastorno mental en el que alguien siente impulsos constantes de limpiar algo, repetir ciertas rutinas o rituales, o tener patrones de pensamiento repetitivos. La persona puede lavarse las manos repetidamente, revisar constantemente las perillas del horno para asegurarse de que estén apagadas, revisar constantemente las puertas para asegurarse de que estén cerradas con llave o contar cosas constantemente. Para muchos que sufren de TOC, esto ha interferido con sus vidas diarias porque lidiar con las compulsiones toma una hora o más de su tiempo todos los días, y los pensamientos repetitivos asociados con el trastorno, les impide experimentar relaciones significativas y participar plenamente en sus actividades de la vida diaria. En casos extremos, los síntomas pueden ser tan dañinos que la persona se ve obligada a contemplar la idea de suicidarse o incluso intentarlo.

Aunque se desconoce la causa del trastorno, para muchas personas se asocia con ansiedad y estrés. Un gran número de personas que lo tienen, han experimentado un evento traumático importante, particularmente abuso infantil, pero también eventos como la muerte de un ser querido o un accidente automovilístico importante. Otras causas pueden incluir infección y genética. La mitad de todos los casos de TOC presentes antes de los 20 años de edad y el desarrollo de síntomas después de los 35 años de edad es extremadamente raro. En todo el mundo, se cree que alrededor del 1% de la población se ve afectada por el TOC cada año, y aproximadamente el 2-3% de la población se ve afectada en algún momento de su vida.

Los tratamientos para el TOC incluyen medicamentos, como los inhibidores selectivos de la recaptación de serotonina, así como la terapia cognitiva conductual (TCC) para ayudar a las personas a aprender a lidiar con los pensamientos intrusivos y repetitivos. Un método particularmente exitoso para tratar el TOC es el aprendizaje del mindfulness. Esta es la práctica de estar plenamente consciente de lo que está sucediendo tanto a tu alrededor como dentro de ti para que puedas distinguir tus propios pensamientos negativos de lo que realmente está sucediendo, separar tupropios sentimientos de los hechos, y no sentir la necesidad de tratar cada pensamiento que tienes como si realmente estuvieras enfrentando una amenaza.

Capítulo 2: Respiración profunda

Uno de los métodos más beneficiosos y a la vez más olvidados para practicar mindfulness es realizar ejercicios de respiración profunda. No tiene que sentarse en una posición de loto tarareando "ohm," pero si se siente obligado a hacerlo, entonces hágalo. Todo lo que necesita es sentarse derecho (asegúrese de que su espalda esté lo más recta posible), inhale y exhale. Tómese 10 segundos para inhalar y 20 segundos para exhalar. Practique este sencillo ejercicio durante dos minutos al día.

Los beneficios de la respiración profunda son tan inmensos que uno debe preguntarse por qué este simple ejercicio se pasa por alto tan a menudo. Una de las razones es que desencadena naturalmente el sistema nervioso parasimpático, que promueve una respuesta de relajación. En realidad hace que su cuerpo se relaje fisiológicamente! Muchas enfermedades, incluyendo el TOC, están directa o indirectamente correlacionadas con el estrés, y la mayoría de nosotros llevamos vidas ocupadas y estresantes. La respiración profunda es una manera de hacer que usted disminuya su velocidad y tome conciencia de lo que está sucediendo dentro de usted. Al ser consciente de lo que estás pensando y sintiendo, puedes comprender mejor cuáles son tus propios pensamientos, que podrían ser distorsiones de la realidad, y qué es lo que realmente está sucediendo a tu alrededor.

Una de las razones por las que su cuerpo comienza a sentirse tenso cada vez que se siente ansioso es porque no está respirando profundamente. Cuando usted respira superficialmente, su cuerpo no recibe el oxígeno que necesita y, por lo tanto, no puede alimentar adecuadamente sus células. Respirar profundamente absorbe todo el oxígeno que su cuerpo necesita para cada parte de él, lo que permite que los músculos contraídos se relajen. Esta respuesta es crucial para ayudarle a controlar los síntomas del TOC. Usted no puede simplemente pensar la manera de salir del TOC; si pudiera, probablemente ya habría encontrado mucho alivio de sus síntomas. Su cuerpo necesita estar en sintonía con sus pensamientos; si su cuerpo no está sincronizado porque no tiene el oxígeno adecuado, usted será incapaz de controlar los impulsos del TOC. Sin embargo, tener un suministro adecuado de oxígeno, le permitirá a su mente relajada, protegerse de algunos de los impulsos.

Respirar profundamente puede incluso desintoxicar su cuerpo. Una de las principales toxinas en su cuerpo es el dióxido de carbono; si sus pulmones están comprometidos por la respiración superficial, usted no estará capaz de expulsarlo correctamente y se acumulará. Deshacerse de toxinas como el dióxido de carbono permitirá que su mente y cuerpo funcionen mejor.

Otro beneficio de la respiración profunda es que puede incluso aliviar el dolor y aumentar la felicidad. Esto se debe a que estimula la liberación de hormonas como la serotonina, la "hormona de la felicidad", que alivia naturalmente el estrés y la ansiedad, por lo que estimular su liberación es una forma ideal de ayudar a controlar el TOC.

Así que tómese dos minutos y respire profundamente durante 10 segundos. Luego exhale durante 20 segundos. Hazlo de nuevo unas cuantas veces. Usted notará que comienza a sentirse calmado y relajado después de sólo un par de minutos.

Capítulo 3: Tome consciencia de su entorno

Muchos de nosotros tenemos vidas ocupadas y no nos tomamos el tiempo para parar y oler las rosas y ni siquiera nos damos cuenta de que hay rosas! Si lo hacemos, no pensamos en si son rojas, amarillas o rosadas, ni en lo bonitas que son. Simplemente no somos conscientes de lo que sucede a nuestro alrededor. Una manera de practicar mindfulness es detenerse y tomar consciencia de lo que le rodea.

Mire a su alrededor por un minuto. ¿Cuántos colores ve? ¿Ve el color marrón? ¿En cuántos lugares se ve el marrón? ¿Qué hay del rojo? ¿Rosa? ¿Azul? ¿Cuál es su color favorito? ¿Cuántas veces lo ha visto? Fíjese en cómo ha ralentizado su cerebro para que no siga corriendo. ¿Se siente menos ansioso ahora, al menos un poco?

Respire profundamente por la nariz. ¿Qué es lo que huele? ¿Café? ¿El perfume de su compañero de trabajo? ¿Algo que se está cocinando? ¿Huele agradable? ¿El olor le hace feliz o le trae recuerdos? Deténgase y piense en los olores que le rodean. Experiméntalos. Inhala y exhala profundamente. ¿Se siente más tranquilo? Bien.

¿Cuánto tiempo pasa comiendo su comida? Si usted es como la mayoría de la gente en el mundo moderno, probablemente no pasa mucho tiempo comiendo. Después de todo, tiene que volver al trabajo. Hay tantas cosas que usted necesita hacer en tan sólo una pequeña cantidad de tiempo! Deténgase. Ese tipo de pensamiento provoca ansiedad y desencadena los síntomas del

TOC. Trate de pasar más tiempo comiendo. Tómese su tiempo para darse cuenta de lo que está comiendo. ¿Cómo huele su comida? ¿Cómo luce? Tome cada bocado lentamente. ¿A qué sabe? ¿Cuál es su textura? ¿Cómo interactúan entre sí las diferentes texturas que está comiendo? ¿Le gustan las texturas? Tome un sorbo de algo después de cada tres bocados. Disfrute de su comida y experiméntela plenamente.

¿Qué es eso que oye? ¿Es una mosca o un mosquito zumbando alrededor de su cabeza? ¿Es la luz de arriba haciendo un sonido crepitante? ¿Es una conversación en el cubículo de al lado? ¿Es el sonido de la lluvia? ¿Está escuchando música? Tómese un minuto y escuche. No, en serio, escúchelo de verdad. Preste atención a eso. Esté consciente de los sonidos que le rodean y de dónde provienen.

¿Está sentado en un escritorio ahora mismo? Tal vez usted está sentado afuera en una silla o se está relajando en el sofá. Tómese un minuto y siéntalo. Ponga sus manos sobre su escritorio. ¿Cómo se siente?

Ya debería sentirse más consciente de lo que le rodea. Estar consciente de su entorno le ayuda a separar sus propios pensamientos intrusivos de lo que está sucediendo.

Capítulo 4: Reduzca la velocidad

Muchas personas están convencidas de que tienen que llenar cada minuto de cada día con algún tipo de actividad. Como resultado, sus cerebros nunca se ralentizan y nunca son capaces de entrar en un estado de relajación. Incluso tienen problemas para dormir porque sus cerebros siempre están conectados. Estar constantemente en movimiento puede engañar a su cerebro para que crea que existe una amenaza, y su cerebro tiene una defensa incorporada contra las amenazas: pelear o defenderse. La adrenalina y el cortisol se liberan en su cuerpo, lo que aumenta aún más el estrés y le hace sentir que tiene que trabajar más duro y hacer más. Estar demasiado ocupado puede hacer que su cerebro responda como si estuviera bajo una amenaza. En realidad, es de gran valor que simplemente reduzca la velocidad.

Reducir la velocidad significa que usted no sienta la necesidad de llenar cada minuto de cada día con actividades. Puede simplemente dejarse llevar. Siéntase afuera en el césped y disfrute de la sensación de tenerlo en sus pies. Disfrute de la forma en que el sol brilla sobre su piel; experimente plenamente el calor de la misma. Vaya a jugar con su perro. Empuje a un niño en el columpio. Haga algo que le guste en vez de hacer algo que le haga sentir productivo y ocupado. Con demasiada frecuencia, sentimos que tenemos que estar ocupados para que la vida tenga sentido. Sin embargo, eso simplemente no es cierto. El sentido se encuentra en los momentos en que disminuimos la velocidad y disfrutamos de nuestro entorno y de las personas con las que estamos.

¿Cuántas veces al día revisa su teléfono? ¿Cuántas veces por hora? ¿Cuánto tiempo puede permanecer sin revisar su correo electrónico o sus mensajes de texto? Esto es algo que hay que tener en cuenta. Revisar constantemente su teléfono le distrae de la atención porque le conecta el cerebro para creer que si no estás siendo productivo, está perdiendo el tiempo. Guarde su teléfono y vaya a dar un paseo. El mundo puede esperar. Necesita cuidar de si mismo y de sus propias necesidades.

¿Qué le impide ir más despacio? ¿Qué le hace creer que tiene que estar constantemente en movimiento? ¿Alguna vez ha sentido que su mente se está acelerando? ¿Estar ocupado alimenta los pensamientos de ansiedad?

Ahora tómese una hora para relajarse y dejarse llevar. Aléjese de las cosas electrónicas, incluyendo la televisión, y conéctese consigo mismo y con su entorno. ¿Cómo se siente? ¿Su mente se está ralentizando? ¿Qué está pasando con sus pensamientos de ansiedad?

Trate de tomarse una hora todos los días para calmarse y dejarse llevar. No se deje distraer y abrumar por todo lo que cree que tiene que hacer. Deténgase y huela las rosas.

Capítulo 5: Meditar

Usted ya ha visto los beneficios de la respiración profunda, de estar consciente de lo que le rodea y de disminuir la velocidad. El arte de unir todas esas cosas es el arte de la meditación. La meditación es cuando permite que su mente se enfoque más lentamente en algo. Si alguna vez ha estado despierto por la noche por un pensamiento ansioso que sigue girando en su cabeza y del que no puede distanciarse, entonces está meditando en ese pensamiento ansioso. Sin embargo, ese tipo de meditación es negativa. La meditación positiva es cuando se concentras intencionalmente en cosas buenas o positivas y no se preocupas por los pensamientos negativos que tratan de invadir.

Muchas religiones tienen sus propias prácticas meditativas que están diseñadas para mejorar la espiritualidad del individuo o la conexión con su propio espíritu. La Cábala, la tradición mística judía, tiene prácticas meditativas diseñadas para sacar al individuo de sus propias luchas diarias y llevarlo al conocimiento del Eterno. El Cristianismo adoptó algunas prácticas cabalísticas, las cuales son usadas por los Cristianos para meditar en lo Divino. El Islam, especialmente la rama sufí, también tiene prácticas meditativas. Algunas religiones, como el hinduismo, el sikhismo y el jainismo, consideran que la meditación es tan intrínseca al bienestar espiritual de un individuo, que es una parte prescrita de la vida diaria. Si usted se asocia con cualquier religión, un buen lugar para comenzar es aprender acerca de lo que su religión dice acerca de la meditación y cómo debe practicarla.

Si no es religioso y no está interesado en lo que estas diferentes religiones dicen sobre la meditación, todavía puede aprender a meditar. Siéntese derecho y cierre los ojos. Mantenga su postura lo más perfecta posible para que pueda respirar plena y profundamente. Inhale durante 10 segundos y exhale durante 20 segundos. Continúe inhalando y exhalando de esta manera mientras hace una de las siguientes cosas:

1. Cuéntese cosas positivas. Usted es una buena persona. Usted es consciente de lo que le rodea y de lo que está sucediendo dentro de usted. Puede superar su TOC para que eso deje de dominar su vida.

2. Concéntrese en algo positivo. Esto puede ser una imagen del océano, un recuerdo favorito de la infancia, o algo totalmente inocuo, como un marco de puerta o ventana.

Permanezca en este estado todo el tiempo que pueda. Si sólo puedes meditar un par de minutos al principio, está bien. Siga practicando la meditación todos los días y trate de permanecer un poco más tiempo cada vez.

Al principio, es posible que se distraiga con cosas que hay que hacer. Si usted trata de meditar a primera hora de la mañana, puede estar tan distraído por la necesidad de llegar a tiempo al trabajo que no será capaz de meditar con éxito. Si ese es el caso, trate de encontrar un momento que funcione para usted, cuando no se distraiga tanto.

El objetivo de la meditación es vaciar su mente de pensamientos negativos para que pueda llenarse de positividad. La meditación es en realidad una herramienta poderosa que puede reconfigurar su cerebro para pensar más positivamente.

Capítulo 6: Desarrollar la concentración

Muchos de nosotros vivimos vidas tan ocupadas que no conocemos el valor de la concentración; y no sólo eso, ni siquiera sabemos cómo concentrarnos. ¿Cuándo fue la última vez que pudo trabajar dos horas seguidas sin tener que revisar su teléfono o correo electrónico? Su respuesta a esa pregunta debería darle una indicación de lo bien que se puede concentrar.

Una gran parte del problema es que mucha gente ve la distracción como algo bueno. Se sientan en un banco del parque y miran sus teléfonos en vez de ver los patos en el estanque. Muchas personas no pueden ni siquiera pasar una comida con sus amigos y/o familiares sin sus teléfonos! Sea honesto consigo mismo: ¿Cuánto le impide su teléfono concentrarse en su propia vida?

Ser capaz de concentrarse es en realidad la piedra angular del mindfulness. Si no puede concentrarse en la tarea en cuestión porque está tan distraído, entonces hay muy poco espacio para que sea consciente de sus propios pensamientos, sus sentimientos, la gente que le rodea y su entorno.

Aquí hay algunos consejos para ayudarle a desarrollar su capacidad de concentración.

1. Apague y desactive todas las distracciones. Si está acostumbrado a escuchar música o a mantener el televisor encendido, apague esas cosas. Ponga su teléfono celular en

silencio o apagado y guárdelo. Cierre todas sus pestañas de Internet excepto la que está utilizando actualmente.

2. Practique la respiración profunda y la meditación todos los días. El poderoso efecto que estos ejercicios tienen en su mente puede ayudarle a entrenar para desentenderse de las distracciones y concentrarse en la tarea que tiene por delante.

3. Ejercicio. El ejercicio ayuda a estimular la liberación de hormonas que le ayudarán a concentrarse. También quema la adrenalina y el cortisol de su sistema, lo cual puede ser un factor disuasivo para la concentración.

4. Sólo trate de hacer una cosa a la vez. Nuestra sociedad valora la multitarea, pero la multitarea es realmente un mito. No puede concentrarse en dos cosas a la vez. Lo que realmente sucede cuando trata de hacer varias tareas a la vez es que su cerebro salta constantemente de una tarea a otra, causando que haga todo de manera más ineficiente. Así que piense en lo que tiene que estar trabajando ahora mismo, y sólo haga eso. Escriba todo lo demás que necesite hacer para que no lo olvide, y hágalo a su debido tiempo.

Cuando pueda concentrarse mejor, esos pensamientos impulsivos asociados con el TOC tendrán menos espacio para invadir su mente. Estará más concentrado en lo que está haciendo y menos preocupado por ir a lavarse las manos o asegurarse de que la puerta esté cerrada con llave. Usted también tendrá la tremenda satisfacción de hacer bien su trabajo.

Capítulo 7: Sea amable con usted mismo

Muchos de nosotros llevamos vidas increíblemente ocupadas y agitadas porque estamos constantemente tratando de complacer a los demás. Trabajamos tan duro para complacer al jefe. Hacemos una fiesta para complacer a nuestros amigos. Hacemos la cena para complacer a nuestras familias. Uno de los efectos de la ansiedad es que usted puede atarse tanto a complacer a otras personas que no reconoce ni aprecia la necesidad de complacerse a sí mismo. Si lo hace, puede disuadirse diciendo que no tiene tiempo o que hay muchas otras cosas y personas de las que debe ocuparse.

Sin embargo, hay un gran valor en ser amable con uno mismo. Vaya al salón y hágase la manicura y pedicura. Arréglese el cabello. Cocine su cena favorita. Coma el postre sin disculparse. Vaya al parque. Vaya al partido de béisbol. Alquile la película que quería ver. Salga con sus amigos y haga algo tan divertido que sea ridículo.

Cuando es amable consigo mismo, realmente incrementa su propia autoestima y autoconciencia. Se vuelve más consciente de las cosas que le gustan y de las cosas que pueden irritarle o hacerle enojar. Usted puede ser capaz de encontrar las cosas que desencadenan sus compulsiones y hacer que usted tenga pensamientos repetitivos y negativos. Al participar en las cosas que le gustan, puede cambiar el cableado de su cerebro para que sea más positivo. Liberará esas hormonas positivas, como la serotonina, e incluso se limpiará de toxinas.

El resultado de ser amable consigo mismo es permitir que otras personas sean amables con usted. Deje que sus amigos, familiares y compañeros de trabajo demuestren que lo aprecian. Si alguien quiere darle un regalo, no sienta que tiene que hacerlo en reciprocidad. Muchas veces, nos permitimos sentirnos culpables cuando alguien hace algo amable. Eso es un error. Piense en el motivo que tuvo la última vez que hizo algo bueno por alguien. ¿Era para conseguir algo a cambio, o porque quería ser amable? Si un amigo quiere ser amable y comprarle la cena, no sienta que tiene que hacer lo mismo. Si usted quiere, genial, pero no se sienta obligado a hacerlo.

¿Cuál es su placer culpable? ¿Por qué le hace sentir culpable? ¿Qué es lo que realmente le gustaría hacer al final del día? ¿Qué le impide hacerlo? ¿Cómo puede lidiar con los obstáculos y ansiedades que le impiden ser amable consigo mismo y hacer las cosas que disfruta?

Tome consciencia de las cosas que disfruta y cómo le hacen sentir. Tome consciencia de por qué las hace o no se permite participar en esas actividades. Y lo más importante, sea amable consigo mismo.

Capítulo 8: Registro en un diario

Llevar un diario es una gran manera de tomar conciencia de sus propios pensamientos y sentimientos. Conocerse a sí mismo -ser consciente de sí mismo mediante la comprensión de sus pensamientos, acciones, motivaciones y sentimientos- es una clave poderosa para estar consciente. Llevar un diario es una gran manera de ayudarle a estar más consciente de sí mismo.

Un aspecto importante del mindfulness con respecto al TOC es ser capaz de entender cuáles son sus factores desencadenantes. En otras palabras, ¿cuáles son algunas de las cosas que le hacen tener pensamientos compulsivos? Tal vez algo que es aparentemente inocuo, como un reloj o un juego de llaves, está conectado con una memoria particularmente estresante o traumática. Puede que no se de cuenta de que esas cosas son realmente desencadenantes.

Llevar un diario puede ayudarle a identificar sus desencadenantes. Si toma consciencia de que tiene muchos pensamientos compulsivos de los que no puedes deshacerse, toma tu diario y empieza a escribir sobre lo que está pasando. ¿Qué está pasando exactamente a tu alrededor? ¿En qué está pensando? ¿Qué es lo que siente? ¿Quién está involucrado en la situación? ¿Qué dice o hace esa gente? Después de un tiempo, usted puede notar un patrón en lo que está escribiendo. Usted puede ver que ciertas cosas lo están poniendo particularmente nervioso o ansioso y desencadenando pensamientos compulsivos.

Llevar un diario también puede ayudarle a poner a descansar algo de su nerviosismo y ansiedad. En vez de lanzar la misma idea alrededor de su cabeza durante horas y horas, manteniéndose despierto por la noche, anótelo. Anote todo lo que le está causando estrés, cómo se siente ese estrés y cómo afecta su vida. Usted puede sentir una tremenda sensación de liberación con sólo escribir estas cosas. Escribir sus pensamientos ha demostrado tener un efecto curativo en la mente y el cuerpo.

Hay otras maneras en las que el diario puede ayudarle a entrar en un estado de atención. Lo lleva de estar molesto o distraído por su entorno a ayudarle a estar en contacto con sus propios pensamientos y sentimientos sobre lo que está pasando. Puede ayudar al estar consciente de lo que le gusta, lo que no le gusta y lo que en última instancia quiere de la vida.

Aquí hay algunas ideas de las que puede escribir en un diario.

1. ¿Qué es lo que ha pasado hoy que me ha hecho feliz?

2. ¿Qué es lo que sucedió hoy que me hizo sentir una emoción desagradable (dolor, enojo, tristeza, ansiedad, etc.)?

3. ¿Qué pensamientos compulsivos tuve hoy? ¿Qué hice con esos pensamientos compulsivos? ¿Cuál fue el resultado?

4. ¿Qué es algo que nadie más sabe de mí?

Si bien es cierto que puede usar su computadora para escribir un diario, en realidad hay un beneficio terapéutico que proviene de escribir las cosas en papel. Vamos, inténtelo. Consiga un cuaderno y un bolígrafo y empiece a escribir. Puede que descubra que su mente se tranquiliza instantáneamente.

Capítulo 9: Consejería

Existen algunos métodos de asesoramiento que se han desarrollado específicamente para las personas que sufren de TOC. Una de ellas es la Terapia Cognitiva del Comportamiento (TCC), que enseña a las personas a ser conscientes de sus propios patrones de pensamiento para que puedan cambiarlos. Es una manera muy efectiva para que las personas desarrollen una consciencia plena, particularmente para las personas con ansiedad y TOC.

El modelo que utiliza la TCC es que nuestras acciones están motivadas por nuestros pensamientos, los cuales están fuertemente influenciados por nuestras creencias centrales. Nuestras creencias básicas son lo que creemos sobre nosotros mismos y sobre el mundo que nos rodea. Si nuestras creencias centrales dicen que somos buenos, valiosos, fuertes, dignos, podemos hacer grandes cosas, y nuestras vidas importan, entonces los pensamientos que tenemos, serán generalmente positivos y agradables. Podremos sentirnos bien con nosotros mismos y, a cambio, podremos ser buenos con otras personas. Si nuestras creencias centrales dicen que somos insignificantes, incapaces, indignos y que la vida es injusta y que el mundo es un lugar duro y exigente, entonces seguirán pensamientos negativos y ansiosos. Esos pensamientos podrían ser la razón por la que tiene las compulsiones que tiene.

La TCC le ayuda a tomar conciencia de los pensamientos negativos que usted tiene, así como de las creencias básicas que los moldean para que usted pueda trabajar para cambiarlos.

Cambiar los pensamientos negativos por pensamientos positivos puede tener un impacto significativo en la disminución de la ansiedad y el estrés y en ayudarle a vivir una vida feliz, significativa y con un propósito. Al disminuir el estrés, usted puede ser capaz de disminuir simultáneamente los pensamientos compulsivos que lo han estado acosando. De hecho, se ha demostrado que la TCC reduce las compulsiones hasta en un 70%. Imagine cuánto de su vida podrís recuperar si tuviera un 70% menos de compulsiones.

La TCC no es el único tipo de consejería que puede ayudar a las personas con TOC. También existe la TDC o Terapia Dialéctica del Comportamiento, que funciona bajo un modelo muy similar al modelo TCC. Además de ayudarle a cambiar sus creencias básicas, la TDC le ayuda a obtener herramientas para lidiar con algunas de las dificultades que puede enfrentar, especialmente sus desencadenantes.

Ir a un consejero puede ser aterrador e intimidante. Si le preocupa lo que piensen los demás, recuerde que no tiene la obligación de decírselo a nadie. La idea de abrirse a alguien que usted no conoce acerca de todos sus miedos y preocupaciones puede ser muy ansiosa. Tenga en cuenta que los consejeros están capacitados en la realización de TCC, TDC, y otras formas de terapia. Ellos pasan por un proceso riguroso para obtener la licencia. También reciben formación continua para que puedan estar al tanto de las últimas investigaciones y enfoques.

Algunos consejeros tienen diferentes especialidades, tales como consejería para el dolor o manejo de la ira. Busque un terapeuta que esté especialmente capacitado para tratar el TOC. Él o ella probablemente tendrán el entrenamiento y la experiencia para ayudar a personas como usted a liberarse de sus compulsiones.

Capítulo 10: No emita juicios de valor

Si sufre de TOC, lo más probable es que se esté culpando por algo que podría suceder en el futuro. Probablemente se juzgue a sí mismo. Muy duramente. Mucho. Sin embargo, parte de estar atento es aceptar su realidad presente sin ser juzgado, ya sea por usted mismo, por los demás o por las cosas que están sucediendo. Esto significa que pase lo que pase, no se estará culpando a sí mismo o a la gente que le rodea. Sí, tal vez podría haber hecho las cosas de manera diferente y haber visto resultados diferentes. Sin embargo, usted necesita reconocer que *usted no es el problema*.

Perdónese a sí mismo. No eres perfecto, y eso está bien. Probablemente ha cometido algunos errores, algunos de ellos bastante grandes. Probablemente le ha hecho daño a otras personas y también se ha hecho daño a sí mismo. ¿Adivine qué? Igual que todos los demás en el planeta. En vez de ser duro y crítico consigo mismo, necesita perdonarse por no ser perfecto. Esto significa que se acepta a sí mismo tal como es, su TOC y todo eso. Si bien es cierto que desea minimizar los errores que comete, debe reconocer que todo el mundo comete errores. Aunque algunos errores realmente no están bien, y tal vez usted ha cometido algunos que no están bien, está bien tal como es. No necesita cambiar. Ámese a si mismo tal como es.

Perdone a los demás. Esto es más fácil decirlo que hacerlo porque si es como cualquier otra persona en el planeta, probablemente ha sido herido extensamente por la gente que le rodea. Usted puede sentir que no puede volver a confiar en otra persona. Algo que otra persona le hizo puede ser la razón por la que tiene ansiedad y TOC. Sin embargo, el perdón es la única manera de encontrar la libertad de lo que pasó. Una persona sabia dijo que el perdón es poner en libertad a un prisionero y luego descubrir que el prisionero eres tú.

Perdonar a alguien no significa que usted minimice u olvide lo que esa persona hizo. Significa que miras fijamente a la realidad de lo que pasó, reconociéndola completamente, y luego rompes los lazos con ella. El proceso no es sencillo. En realidad es algo muy, muy difícil de hacer. Puede que no esté listo para perdonar, pero tal vez esté listo para estar listo para perdonar.

Liberarse de todos los rencores que tiene hacia su enemigo, su vida, e incluso hacia usted mismo, le dará una paz duradera. Una persona religiosa del clero, un terapeuta o un amigo de confianza, puede ayudarle a través del proceso de perdonar a aquellos que le han hecho daño.

Sepárese de su TOC. Usted no es su TOC. Es algo con lo que tiene que lidiar. Tiene que aprender a lidiar con ello, y está aprendiendo a lidiar con ello porque ha leído hasta aquí este libro. Sin embargo, no lo define a usted. Eso no le hace ser la persona maravillosa que es.

Capítulo 11: Dejar ir y divertirse

Aunque para algunas personas divertirse es el aire que respiran, para muchas personas con TOC puede ser todo un reto. Después de todo, ¿cómo se supone que deje de preocuparse por las perillas de los hornos o la puerta principal? ¿Qué debe hacer cuando surgen los pensamientos ansiosos y repetitivos? ¿Y si la gente descubre que está loco?

Relájese. Usted no está loco. Sin embargo, si usted ha estado sufriendo de TOC por un tiempo, su cerebro probablemente está conectado de tal manera que divertirse puede ser realmente un desafío. Relajarse es difícil de hacer cuando se tiene ansiedad intensa y se está constantemente preocupando.

Sin embargo, salir y divertirse puede ser una herramienta poderosa para lidiar con su ansiedad. Tal vez sienta que no se le permite divertirse, o que está condenado a ser miserable. ¿Y quién es usted para meterse con el destino? A veces, salir de casa es un logro. Si bien es probable que al principio sea difícil, su cerebro liberará las hormonas que naturalmente harán que usted sea feliz y desterrar parte de su ansiedad.

Si usted se siente demasiado ansioso por salir de la casa, considere la posibilidad de que alguien venga a visitarle. Pueden cenar juntos y luego ver una película. Usted puede preocuparse de si la otra persona se va a divertir o no. Si ese es el caso, deje que la otra persona elija qué película ver y/o qué comer. Sea amable consigo mismo y no trate de hacer más de lo que pueda.

Antes de salir o hacer que alguien venga, es posible que tenga que prepararse practicando un poco de mindfulness. Comience haciendo algunos ejercicios de respiración profunda. Medite para ayudarse a desterrar sus pensamientos ansiosos y reemplazarlos con pensamientos positivos. Después de todo, usted realmente va a pasar un buen rato y a divertirse! ¿Se siente estresado por salir? Escriba en su diario cómo se sientes. ¿Y salir le hace sentir estresado? ¿Por qué cree que tiene ese desencadenante? ¿Qué puede hacer para ayudar a liberar la ansiedad para que pueda disfrutar lo más posible?

Para aquellos que son intencionalmente conscientes de sí mismos, salir y divertirse puede ser realmente la personificación del mindfulness. Intencionalmente experimenta cosas que disfruta y le dan placer. Disfrute la experiencia del placer apreciando cada momento, todas las personas con las que está, lo que está haciendo y la oportunidad de divertirse. Si tiene TOC y está trabajando en estar consciente, puede crear intencionalmente recuerdos que pueda recordar y revivir en su mente cuando se sienta particularmente estresado o ansioso.

Conclusión

El Mindfulness es para todos. Nos permite ir más despacio y experimentar nuestras vidas en lugar de correr a toda velocidad. Nos impide juzgarnos a nosotros mismos y a las personas que nos rodean y nos ayuda a aceptar las cosas como son. Probablemente conozca a muchas personas que se pueden beneficiar de ese tipo de perspectiva.

Para las personas con TOC, existen beneficios particulares del Mindfulness que pueden en realidad disminuir los síntomas y las compulsiones y ayudarles a vivir una vida más significativa y satisfactoria. Si tiene TOC, puedes seguir las pautas anteriores para estar atento, que le ayudarán a disminuir su ansiedad y a encontrar alivio de sus compulsiones.

El Mindfulness parece ser algo bastante fácil. Tan fácil que uno podría pensar que no tiene sentido! Sin embargo, nada más lejos de la realidad. Disciplinarse para hacer respiración profunda es difícil. Meditar es difícil. Significa enfocar deliberadamente su atención lejos de los pensamientos negativos que probablemente llenan su mente casi cada minuto de cada día. Llevar un diario es relajante y curativo, pero nadie dijo que fuera fácil. Desacelerar su ocupada vida, especialmente cuando la ha llenado de trabajo para evitar su dolor y ansiedad, es difícil. Apagar el teléfono celular es difícil. Y perdonar a las personas que le han herido, enfrentando verdaderamente el dolor que ha experimentado y renunciando a su derecho de juzgar a la persona que se lo infligió, tampoco es nada fácil. Estos son todos los hábitos que usted tiene que formar intencionalmente. No ocurren por casualidad.

Es posible que necesite encontrar un terapeuta profesional que le guíe a través del proceso de estar consciente plenamente y así disminuir los síntomas del TOC. Probablemente también querrá encontrar personas, como amigos y familiares, que puedan apoyarlo. Tal vez ellos quieran unirse a su viaje hacia el mindfulness y ustedes pueden hacerse responsables de practicar las técnicas de mindfulness todos los días.

El viaje será duro. Sin embargo, los resultados finales valdrán la pena. Encontrará la libertad de muchas de sus compulsiones y será capaz de recuperar su vida.

PRESUPESTO MINIMALISTA En Español/ MINIMALIST BUDGET In Spanish

Estrategias simples sobre cómo ahorrar más y ser financieramente seguro.

CHARLIE MASON

Introducción

Este libro contiene pasos y estrategias comprobadas sobre cómo ahorrar más y llegar a ser financieramente seguro. ¿Es usted una de esas personas que no pueden salir de un centro comercial o una tienda en línea sin comprar nada? ¿Se encuentra sin dinero mucho antes de que reciba su próximo cheque de pago? ¿Su presupuesto parece muy estirado y todavía piensa que le faltan muchas cosas? Si respondió afirmativamente a todas estas preguntas y está buscando maneras de hacer que su sueldo dure más, la solución es adoptar el concepto de un presupuesto minimalista. Este concepto lo ayudará a comprender las razones por las que gasta, le proporcionará ideas sobre cómo frenar sus tendencias de compra por impulso y ahorrarle dinero. Le mostrará cuánto puede ser su vida mejor incluso sin gastar mucho dinero. También recibirá consejos sobre cómo ahorrar más y mejorar sus hábitos de gasto. Este libro lo ayudará a tener más control sobre su dinero y sus finanzas y le mostrará los muchos consejos para ahorrar dinero que lo ayudarán a ahorrar más y gastar menos. Si está listo para comenzar a ahorrar, pase a la página siguiente y vea lo que le espera.

CAPÍTULO 1

La Psicología de las Compras

Hay muchas razones por las cuales las personas compran cosas, pero la psicología le dirá que hay 4 comportamientos psicológicos más básicos que lo ayudan a comprender por qué compra lo que compra. Según los psicólogos, estos cuatro factores también predicen las cosas que comprará en el futuro.

Factor # 1 - Satisfacción de las necesidades

Esta es la razón más básica por la que las personas compran cosas, debido a una necesidad que tienen que satisfacer. La mayoría de las cosas que las personas compran, lo hacen porque hay una necesidad intrínseca que tienen que satisfacer. Las necesidades se pueden clasificar como básicas o complejas.
Las necesidades básicas son aquellas que cumplen con los requisitos básicos. Estos están a menudo asociados a necesidades físicas. Las cosas que su cuerpo necesita para funcionar normalmente se llaman necesidades básicas. Ejemplos de necesidades básicas son comida, agua y refugio. Las necesidades complejas son aquellas que satisfacen sus necesidades emocionales, espirituales y otras formas de necesidad no física. Estos pueden incluir tener amigos, pertenecer a un grupo o asumir un pasatiempo que lo relaje. Las necesidades complejas a veces se superponen con las otras necesidades psicológicas por las cuales las personas compran cosas.

Factor # 2 - Atención y percepción

En este factor psicológico en las compras influyen los anunciantes y los equipos de marketing. Estos dos van de la mano porque la percepción a menudo depende de la atención.

El objetivo de un anunciante es llamar la atención de los clientes el tiempo suficiente para que creen una percepción sobre el producto que están vendiendo. La percepción puede ser favorable o no. El objetivo siempre es crear uno favorable para que la gente quiera comprar el producto.

Para captar la atención del comprador, los anunciantes se aseguran de que su anuncio sea llamativo, ingenioso y realmente atractivo. Algunos anunciantes usan efectos especiales, ideas inusuales y trucos solo para que el comprador mire su producto o para que sepa que dicho producto existe.

Una vez que capta la atención del comprador, puede formarse una percepción sobre el tipo de producto que se vende. Si descubre que el producto lo hace sentir bien o satisface sus necesidades, la mayoría de las veces el comprador comprará ese artículo. Si no siente que el artículo no le será de ninguna utilidad o si no le gusta el mensaje que está enviando el anuncio, es probable que el comprador no quiera comprar ese producto.

La mayoría de los anunciantes saben que la percepción puede ser alterada. Es por eso que usan una táctica llamada repetición y distorsión.

La repetición es cuando siguen mostrando el producto en diferentes canales donde es más probable que un comprador lo vea. Estos canales incluyen TV, materiales impresos y en línea. Cuanto más ve una persona estos anuncios repetitivos, más se quedan con los productos en sus mentes. Esto les facilita recordar el mensaje de marketing cuando se enfrentan con este producto en un supermercado, por ejemplo. La familiaridad hace que una persona sea más tentadora para comprarlo.

La distorsión es una forma de manipulación de la percepción de la persona para hacer que el producto sea más favorable a los ojos del comprador. Un buen ejemplo de distorsión es hacer que algo que a menudo se percibe como algo malo, se vea bien. Un arma, por ejemplo, es algo que las personas asociarían con la muerte o como algo que puede dañar a las personas. Pero los fabricantes de armas lo comercializarían como una forma de protección o algo que pueda mantener a salvo a las personas que ama.

Factor #3 – Conocimientos y condicionamiento

Para comprar un producto, la mayoría de las personas investigará sobre ese producto en particular. Esto es cierto para los artículos que la persona nunca ha usado antes o los artículos que son caros. Una persona promedio descubrirá todo lo que pueda sobre el producto antes de realizar esa compra. Algunas personas están influenciadas por el conocimiento sobre el producto tal como lo proporcionan otras personas. Si el conocimiento sobre el producto no es bueno, el trabajo de un anunciante es condicionar a la persona para que cambie su percepción presentándole un conjunto diferente de conocimientos que le resultará atractivo antes de que pueda convencerse de comprar el producto. El conocimiento y los aprendizajes de la experiencia de otras personas también influyen en la forma en que las personas compran cosas. Esta es la razón por la cual las personas recurren a reseñas, descripción de productos, muestras y promociones antes de comprar lo que dicen los anunciantes. Las revisiones muestran al comprador un encuentro real con el producto sin comprarlo.

Factor #4 – Creencias, culturas y actitudes

Un factor importante en la psicología de las compras es el conjunto de creencias, culturas y actitudes de una persona. Se puede influir en una persona para que compre algo porque es algo que ha sido inculcado en su sistema incluso antes de haber formado su percepción sobre un producto en particular. Es algo que se ha convertido en un hábito y una cosa permanente en la vida de una persona. Un buen ejemplo de esto es cuando una persona no compra carne de cerdo porque su creencia dicta que es un animal asociado con un carroñero que come tierra y lodo. A las personas con esta creencia se les enseña desde el principio de su vida que el cerdo está sucio, por lo que lo evitan a toda costa.

Estos son solo algunos de los factores psicológicos más comunes que pueden explicar por qué las personas compran o no compran un artículo en particular. Hay más razones que a menudo son mucho más complejas que estas cuatro. Estas son a menudo combinaciones de estos cuatro influenciadores básicos.

CAPITULO 2

Cómo ignorar anuncios

Los anuncios se crean principalmente para darles a los clientes una idea de qué productos están disponibles en el mercado y para atraerlos a comprarlos. Se muestran en la televisión, en materiales impresos y en Internet. Las grandes compañías pagan el mejor precio para obtener el mejor horario en la televisión o el mejor lugar para la cartelera publicitaria en las carreteras más transitadas. También invierten enormes cantidades de dinero en equipos de marketing y creativos para adelantarse a la competencia. A menos que viva debajo de una roca, no puede escapar de la publicidad. Proviene de tantos canales diferentes que es difícil bloquearlos por completo. Pero hay una manera de ignorarlos. Aquí se detallan algunas de las formas más efectivas:

1. Disminuya su exposición: la televisión e Internet son algunos de los lugares más comunes donde prospera la publicidad. Disminuya su exposición a estos canales y a los anuncios. Cuando mira televisión, por ejemplo, puede intentar ponerse de pie y hacer otras cosas durante las pausas comerciales en lugar de quedarse sentado viéndolos sin pensar. Ver comerciales hace que los productos sean repetitivos y fáciles de recordar para que sea más susceptible a las compras impulsivas.

2. Puede usar pausas comerciales para ir al baño, hacer sentadillas, hablar con la persona que está sentada al lado o consultar su correo electrónico. Silencie el televisor mientras los comerciales están encendidos para asegurarse de que no escuche nada.

3. Software de bloqueo de anuncios: si debe usar Internet (como casi todo el mundo lo hace), puede encontrar un buen software de bloqueo de anuncios que pueda filtrar anuncios para que no tenga que verlos o verlos con tanta frecuencia. Estos bloqueadores de anuncios a menudo tienen un precio. Elija uno que se ajuste a sus necesidades y su presupuesto.

4. Utilice los servicios de suscripción: algunos servicios de suscripción, como Netflix, le permiten ver televisión sin comerciales que lo interrumpan cada 10 segundos. Deberá pagar estos servicios mensualmente, pero puede estar seguro de que no necesita ver un anuncio mientras disfruta de su programa.

5. Aumente su conocimiento: cuanto más sepa sobre un producto, menos probable será que reconozca las promociones y los trucos que muestran otros anuncios. Puede ignorar un anuncio mejor si conoce un producto por dentro y por fuera. Conocer las características ocultas de sus productos favoritos lo hace menos susceptible a comprar un nuevo producto solo porque tiene las palabras NUEVO y MEJORADO estampadas frente a su empaque.

6. Evite comprar de escaparates: para algunos, esto puede ser difícil de hacer. Pero evitar el centro comercial o la tienda en línea es una de las mejores formas de ignorar los anuncios. En lugar de mirar escaparates, use su tiempo para actividades más productivas pero igualmente agradables. Escriba en su diario, salga a trotar, lea un libro o tome un nuevo pasatiempo.

7. Aprenda a estar contento con lo que tiene: una de las razones por las que funcionan los anuncios es que siempre intentan convencer a los clientes de que necesitan ese producto en particular en su vida para vivir mejor. Pero

cuando una persona está contenta con lo que tiene, se vuelve menos propenso a comprar ese producto. Si su teléfono aún funciona y cumple su propósito, por ejemplo, y está satisfecho con su rendimiento, no pensará en reemplazarlo tan pronto como salga el nuevo modelo. No querrá tanto las nuevas funciones porque estás satisfecho con tu teléfono.

8. Esté alerta: tenga cuidado con los anuncios que ofrecen curas milagrosas y afirmaciones increíbles. Estos anuncios a menudo se presentan en forma de infomerciales. Aunque sus afirmaciones bordean lo imposible, toda la información, los resultados de la investigación, la opinión de expertos y los testimonios que ponen en sus infomerciales, convencen a los consumidores de la efectividad de sus productos. Tenga cuidado con estas tácticas y no se deje engañar inmediatamente por estos anuncios falsos.

9. Deshágase de la tentación: no acepte volantes entregados en los centros comerciales, elimine el correo basura y no se suscriba a boletines minoristas o alertas de texto. Estos le brindan más información sobre nuevos productos en los que puede gastar. Cuanto menos sepa, menos comprará nada. Además, si realmente necesita algo, definitivamente saldrá a buscarlo. No tiene que ceder el paso a los vendedores cuando le dicen que necesita sus productos.

Puede resultarle difícil hacer estas cosas al principio, especialmente si sus hábitos incluyen las actividades que debe evitar, es decir, mirar televisión sin pensar. Pero con práctica y una buena cantidad de fuerza de voluntad, puede convertirse en un experto en ignorar los anuncios. Siga practicando y pronto será automático que ya no se de cuenta de que lo está haciendo.

CAPÍTULO 3

Cómo superar los hábitos de gasto compulsivo

El gasto compulsivo, tal como lo definen muchos expertos en psicología, es un comportamiento humano en el que una persona dedicaría una gran cantidad de tiempo y esfuerzo a comprar cosas hasta el punto de dañar o deteriorar su vida y sus relaciones.

Esta forma de gasto se considera un problema psicológico que a menudo requiere intervención y ayuda de terapeutas calificados. A veces se considera como una forma de adicción porque una persona experimenta un efecto natural cada vez que adquiere un artículo. Esto puede ser adictivo hasta el punto de que una persona pierda dinero y propiedad y rompa relaciones.

El efecto más común de las compras compulsivas para algunos es el sentimiento de felicidad. Los que gastan compulsivamente se sienten felices cada vez que compran algo. Pero se arrepienten instantáneamente porque generalmente conduce a una deuda profunda. Tienden a comprar cosas cuando están deprimidos o tristes para hacerlos felices. Sus hábitos de compra se descontrolan y, a veces, generan desacuerdos y discordias entre ellos y las personas que aman. Las grietas comienzan a formarse hasta que las familias se separan debido a esta adicción.

Para ayudarlo a superar sus hábitos de gasto compulsivo, estas son algunas de las formas más efectivas.

Corte sus tarjetas de crédito: algunas personas no ven las tarjetas de crédito como dañinas porque no ven el intercambio de dinero real entre ellas y la tienda minorista. Esto te da la ilusión de que realmente no estás gastando dinero. Te vuelves más seguro al gastar porque ves que todavía tienes un saldo en tu cuenta bancaria. Pero cuando llegue la factura, se dará cuenta de que tiene más compras que dinero en el banco.

La mejor manera de asegurarse de no gastar innecesariamente es saber a dónde va su dinero. Es mejor que gaste usando efectivo. Cuando vea que su dinero disminuye, será menos probable que siga comprando.

Traiga cantidades exactas: ya sabe cuánto cuestan los boletos de autobús. Su dinero para el almuerzo o el mercado del día, también debe estar presupuestado para que conozca su límite. Traiga solo esa cantidad de dinero por el día para que no se sienta tentado a comprar algo mientras va por el centro comercial.

Si tiene miedo de que surja alguna emergencia, puede traer suficiente para llegar a casa, pero asegúrese de que no esté en el mismo bolsillo o billetera del dinero que gasta, para que no lo gaste "accidentalmente". Úselo solo para emergencias reales.

Rastree las cosas que compre: cuando hace esto, es menos probable que compre cosas duplicadas. También le ayuda a ser más consciente de sus gastos. El seguimiento de estos lo ayudará a comprender a dónde va su dinero. Haga una lista utilizando una aplicación o la función de nota de su teléfono para que sea más fácil.

spere antes de comprar: compre un artículo solo después de esperar un tiempo. Alrededor de 30 a 60 minutos es una buena cantidad de tiempo para esperar. Cuando ve un artículo que realmente quiere comprar, su cuerpo se emociona y la lógica a menudo se va. Cálmese y aléjese de ese objeto. Si, después de un tiempo, aún no puede olvidar ese artículo o siente que todavía lo necesita, ese es el momento de comprar. Lo más probable es que, una vez que se haya ido, regrese la lógica y se dé cuenta de que no necesita otra camisa rosa porque ya tiene 10 en casa.

Use una lista y cúmplala: el supermercado es una trampa principal para las compras impulsivas. Con tantos artículos compitiendo por su atención, es muy difícil no ceder y sacarlos de los estantes y ponerlos en su carrito. Pero si tiene una lista y conoce los lugares exactos para encontrar los artículos, es menos probable que pasee por un pasillo donde no están los artículos que busca.

Obtenga la ayuda de un amigo: encuentre personas cuya fuerza de voluntad sea más fuerte que la suya y tráigalos cuando planee comprar. Le ayudarán a recordar su política de no comprar. Solo asegúrese de hacerles caso de lo contrario, es inútil llevarlos si va a ignorar sus consejos.

Haga algo más cada vez que quiera ir de compras: salga a caminar, haga ejercicio, continúe su pasatiempo o duerma. Manténgase ocupado para no pensar en comprar.

La clave para superar sus gastos compulsivos es el autocontrol y la autoconciencia. Una vez que tenga control sobre sus impulsos y pueda canalizarlos hacia mejores actividades, es menos probable que ceda ante la terapia de compras compulsivas.

CAPÍTULO 4

Aumente su autoconfianza con el presupuesto

El presupuesto es una práctica antigua en la que las personas asignan fondos para cosas que necesitan comprar o ahorrar. Las personas que presupuestan su dinero planearían cómo se gasta para que se atiendan todas las facturas y se satisfagan las necesidades. Es aquí donde tiene en cuenta sus ingresos y los compara con las cosas que necesita para vivir una vida cómoda. Para algunas personas, el presupuesto es difícil, especialmente cuando sus medios o fuentes de ingresos son limitados. Pero con un presupuesto minimalista, siempre es posible establecer uno sin importar cuán pequeños sean sus ingresos.

¿Qué es un presupuesto minimalista?

Un minimalista, poco definido, es alguien que usa solo unos pocos artículos en su vida y no siente la necesidad de llenarlo con cosas materiales. Verás minimalistas que a veces viven con menos de 100 artículos y aún así se sienten felices a pesar de no tener lo que otros consideran un lujo en la vida. Un presupuesto minimalista es algo similar. Las personas que son expertas en este tipo de presupuesto son en su mayoría minimalistas por naturaleza. Mantienen las cosas simples para que no tengan que gastar tanto. Valoran la calidad sobre la cantidad, por lo que sus posesiones materiales duran más que la mayoría de los artículos en el armario de una persona normal. Son más exigentes y están más preocupados por la durabilidad y la longevidad que por la popularidad y la estética.

Los presupuestos minimalistas no siempre significan que tiene que gastar menos. La mayoría de los artículos que los minimalistas compran son de alta calidad, por lo que a veces puede ser más costoso al principio, pero también valdrá la pena al final. Comprar un producto de alta calidad significa que no tienen que seguir reemplazando el producto durante mucho tiempo, ya que es más duradero y duradero.

Mejore su confianza en sí mismo al presupuestar con estos consejos

Para crear realmente un presupuesto minimalista y mejorar su autoconfianza con el presupuesto, puede probar estas ideas simples. Esto le ayudará a administrar sus gastos sin hacerle sentir que está perdiendo. Estos también lo ayudarán a hacer la transición a un presupuesto minimalista totalmente comprometido:

1. Averigüe a dónde va su dinero: lo primero que debe hacer es anotar sus gastos. Listar sus gastos lo ayudará a identificar sus trampas de gasto. ¿Es ropa? ¿Es demasiado caro el café de su cafetería local? Una vez que descubra dónde están sus trampas de dinero, podrá evitarlas conscientemente. Si debe tener un presupuesto para estos gastos, puede poner un límite a la cantidad que gasta.

2. Asigne cantidades a artículos más importantes primero: enumere las cosas que deben pagarse y cuándo vencen. Reserve el dinero para esos gastos tan pronto como obtenga sus ingresos. Asegúrese de no tocar ese dinero para otras cosas.

3. Algunas personas usan el método del sobre donde ponen el dinero en diferentes sobres. Cuando llega el momento de pagar esos gastos, simplemente sacan ese sobre en particular mientras el resto permanece intacto.

4. Busque la ayuda de todos en su hogar: si usted es el único que hace el presupuesto mientras que el resto de su familia son derrochadores, terminará frustrado y resentido con todos los que lo rodean. Crear un presupuesto minimalista implica los aportes y la cooperación de las personas que lo rodean. Debe hacer que comprendan el motivo de su presupuesto para que no se sientan privados.

5. Compare marcas y ofertas: cuando compre artículos de gran valor, no se limite a la primera oportunidad u oferta que se le presente. Descubra las mejores ofertas disponibles antes de lanzarse. Consulte también el plan de pago para que no le sorprenda la cantidad que necesita para pagar la cuota o el saldo.

6. Al comprar automóviles, por ejemplo, debe averiguar cuánto tiempo duran las garantías, cuáles son las inclusiones al momento de la compra y otros detalles importantes. Considere los pagos mensuales a su presupuesto y vea si necesita hacer recortes para que funcione. No solo compre porque los pagos iniciales son bajos. Podría terminar pagando más en cuotas mensuales.

7. Asigne una cantidad para ahorrar: tener un huevo de ahorros que nunca toca es algo que puede brindarle una sensación de seguridad. Es importante presupuestar los ahorros para que cuando llegue un día lluvioso o cuando enfrente situaciones difíciles que requieran efectivo, esté cubierto. La regla general es asignar el 20% de sus ingresos a los ahorros, pero puede agregar más si puede.

8. Sepa lo que está disponible: algunas personas van de compras para comprar algo solo para descubrir que ya lo tienen en casa. Terminan teniendo mucho de los mismos productos. Cuando sabe lo que tiene y lo que no tiene, no

es probable que vaya de compras solo porque no puede encontrarlo.

9. Presupuesto para imprevistos: las emergencias o imprevistos pueden incluir averías en el automóvil y enfermedad o discapacidad. Estas instancias a menudo no están bajo su control, pero afectarán su vida en gran medida. Incluya estos elementos en su presupuesto para que sus ingresos o sus ahorros no se vean afectados en caso de que se produzcan tales casos.

Presupuestar se hace más fácil cuanto más lo practica. Acostúmbrese a presupuestar en lugar de ir de compras sin un plan. Los presupuestos pueden parecer limitantes para algunos, pero cuando se acostumbre, verá que siempre es más económico que comprar sin pensar. Con suficiente práctica, puede confiar en sus habilidades de presupuesto y eventualmente frenar sus tendencias de gasto sin sentido.

CAPÍTULO 5

Mejore sus hábitos de gastos

Ahora que sabe cómo presupuestar, es hora de concentrarse en sus hábitos de gasto. Estos hábitos son las cosas que definen cómo usa su dinero. Los malos hábitos de gasto se caracterizan por la compra por impulso, el arrepentimiento de los compradores y el aumento de la deuda. Los buenos hábitos de gasto, por otro lado, lo ayudan a salir de la deuda, le dan libertad financiera y lo hacen sentir seguro en su futuro.

Para mejorar sus hábitos de gasto, necesita saber qué los está desencadenando. Algunas personas, gastan más cuando se sienten tristes o deprimidos. Otros tienen ganas de gastar cuando son felices. Nuevamente, ese factor de ánimo viene a la mente. Este no es el camino correcto.

Comprar cuando está deprimido, triste o sintiéndose emocional, le facilitará gastar más. Su mente razonará que tuvo un día muy malo y que necesita algo nuevo para mantenerse feliz. Esto es solo felicidad temporal. Se sentirá bien cuando compre, pero pronto sentirá remordimiento, especialmente cuando se dé cuenta de que no puede pagar ese artículo. También sentirá que se está ahogando en deudas, lo que continuará el ciclo de depresión aún más.

Cuando se sienta triste, debe evitar ir a centros comerciales o lugares donde probablemente gastará dinero. Realice actividades que le distraigan de su tristeza. Cosas como jugar con mascotas en el parque, leer un buen libro o escribir en su diario lo ocuparán y lo distraerán de su tristeza. Estas actividades tampoco son tan caras. También puede intentar hacer algo productivo. Canalice su tristeza hacia el arte y la música y cree canciones u obras de arte. Podrá liberar su tristeza y crear algo hermoso al mismo tiempo.

Otro desencadenante del gasto es la felicidad. Obtener esa bonificación en su empleo por un trabajo bien hecho, puede hacerlo sentir como un millonario. Por lo general, esto le da ganas de consentirse y gastar toneladas de dinero para celebrar su éxito. Si bien no hay nada de malo en celebrar los logros, también es importante tener en cuenta que gastar demasiado agotará sus fondos o bonos, por lo que volverá a vivir de un sueldo a otro. No cometa el error de usar todo su dinero de una vez. Asignarlos a los canales correctos, es decir, ahorros, gastos y otras cosas importantes antes de usarlo para celebrar.

Cuando recibe una ganancia inesperada, lo mejor que puede hacer para frenar el gasto es retroceder y simplemente respirar. El efecto natural que siente al recibir el dinero desaparecerá eventualmente y se sentirá más en control de sus hábitos de gasto. Obtendrá una perspectiva más razonable una vez que la emoción inicial haya desaparecido y será menos probable que gaste.

El mejor momento para ir de compras es cuando no siente muchas emociones tumultuosas y extremas que pueden influir en sus hábitos de gasto. Compre solo cuando se sienta equilibrado. La mayoría de las personas también sugieren comprar después de haber comido porque cuando tiene hambre, es más probable que gaste en cosas para enmascarar la sensación de hambre.

Otra forma de mejorar sus hábitos de gasto es tomar conciencia de usted mismo. Debe conocer la causa subyacente por la que está gastando más de lo necesario. Cuando conoce las razones por las cuales puede evitar estas causas, nunca sentirá la necesidad de gastar más.

CAPÍTULO 6

Estrategia de ahorro para salir de la deuda

La deuda es algo que todos experimentamos en algún momento de la vida. Si tiene muchas deudas debido a sus gastos y siente que nunca estará libre de deudas, no se desespere. Todavía hay una manera de salir de eso. Para ayudar a salir de la deuda, debe tener la actitud correcta al gastar y ahorrar.

Cuando la actitud de una persona sobre el gasto es sólida, puede controlarlo mejor y alejarse de la tentación de comprar. La persona sin la actitud correcta hacia el gasto, como aquel que lo ve como algo a lo que tiene derecho, le resultará muy difícil evitar comprar incluso si ya no tiene dinero.

Ahorrar es una de las mejores formas de salir de la deuda. Pero, ¿cómo usan las personas los ahorros para hacer esto? ¿No se supone que debe pagar todo con el dinero que tiene en lugar de guardarlo como ahorro? Así es como se hace.

Los ahorros, definidos libremente, son una cantidad de dinero que usted guarda para usar en los días lluviosos. Cuando sus ahorros son mayores que su deuda, se siente más seguro sobre su futuro. Para utilizar los ahorros para salir de la deuda, deberá guardar diligentemente la misma cantidad o una cantidad mayor de dinero regularmente.

Por ejemplo, si gana $1,000 al mes y tiene una deuda de $60,000. De sus ingresos mensuales, asigne la cantidad mensual de sus cuotas regulares para pagar esa deuda. Al mismo tiempo, reserve una cantidad de dinero para ahorrar. Una vez que haya acumulado suficiente dinero como ahorros, digamos $10,000, puede aprovechar esos ahorros pagando una gran parte de su deuda. Pagar esa cantidad disminuirá las tasas de interés porque el monto del principal se ha reducido aún más.

Si bien la acumulación de ahorros no siempre es la forma más fácil de salir de la deuda, especialmente si tiene muchos gastos, sigue siendo una de las formas más efectivas. Debería intentar ahorrar cualquier cantidad de dinero para usarlo más adelante para realizar un pago de la suma global de su deuda. Aplique esa suma global a los montos de capital y pronto sus deudas disminuirán sustancialmente y estará libre de ellas antes de lo esperado.

CAPÍTULO 7

Guía de administración de dinero

Administrar su dinero es el proceso de rastrear, presupuestar, ahorrar e invertir su dinero. Es el proceso que describe lo que hace con el dinero que gana para hacerlo crecer y obtener mayores rendimientos. Para algunas personas, administrar el dinero es muy fácil. Estas personas generalmente tienen un muy buen conocimiento sobre el mundo financiero. Para otros, la administración del dinero podría ser un idioma extranjero que necesita ser descifrado usando el Rosetta Stone.

Para administrar el dinero de manera efectiva, una de las cosas que debe hacer es abrazar la vida frugalmente. Vivir frugalmente significa que no vive más allá de sus posibilidades. Solo gasta en artículos de primera necesidad y no se entrega a lujos con demasiada frecuencia. No desperdicia dinero en necesidades no esenciales. Para hacer esto, debe distinguir qué elementos son deseos y cuáles son necesidades. Gaste dinero solo en las cosas que necesita y olvídese de los extras.

Otra forma de administrar su dinero es planificando sus gastos. Cree una tabla o un cronograma que le indique de inmediato los gastos que debe pagar y cuándo vencen. Esto asegura que nunca perderá un pago e incurrirá en multas tardías en el proceso. Un planificador de gastos también le permite ver a dónde va realmente su dinero y qué gastos realmente están consumiendo una gran parte de su efectivo.

Los administradores expertos de dinero no compran un café de 5 dólares cuando puede preparar su propio café en casa por menos de un dólar por una taza pequeña. Esta es otra forma de administrar su dinero. Sea lo suficientemente inteligente como para saber cuándo puede ahorrar. Los administradores de dinero saben cómo identificar las partes de sus gastos que pueden prescindir y reducirlos de manera efectiva. Esto se traduce en mayores ahorros. Administre su dinero con inversiones sólidas. Puede parecer más fácil decirlo que hacerlo, pero es una de las mejores y más efectivas formas de hacer crecer y administrar su dinero. Cuando invierte su dinero, no lo está dejando en el banco sin hacer nada. En realidad, está utilizando su dinero para financiar proyectos que generarán dividendos y ganancias para usted. Una empresa exitosa le permitirá obtener ingresos adicionales en forma de tasas de interés sobre sus fondos.

CAPÍTULO 8

Sentirse financieramente seguro todos los días

Sentirse financieramente seguro todos los días significa que no tiene que preocuparse por sus finanzas futuras. No muchas personas pueden decir que están seguras financieramente porque no sienten que han hecho lo suficiente para asegurar un futuro cómodo. Pero el hecho de que no se sientan así ahora, no significa que nunca lo estará. Aquí hay algunas maneras de disminuir sus preocupaciones de seguridad financiera hoy y en el futuro:

1. Cree una cuenta de ahorros sólida: saber que tiene algo escondido para usar en caso de emergencias le brinda una sensación de seguridad financiera como ninguna otra. Con una gran cuenta de ahorros, no sentirá que terminará sin dinero cuando envejezca y no pueda trabajar para ganarse la vida.

2. Compre un seguro: una póliza de seguro es otra red de seguridad que lo protege en caso de grandes pérdidas de dinero. Algunas pólizas de seguro que puede comprar incluyen póliza de vida, póliza de discapacidad y jubilación.

3. Invierta sabiamente: las personas con seguridad financiera no solo se sienten felices de tener una gran cuenta de ahorros. Se sienten más seguros cuando saben que han invertido su dinero en lugares que producen mayores recompensas. Invierten en cosas que han demostrado ser generadores de dinero.

4. Organícese y viva de forma minimalista: las personas con tantas cosas se preocupan por el mantenimiento de sus

posesiones materiales. Esto les impide sentir que tienen el control de sus gastos. Para asegurarse de que no gasta demasiado, debe soltar los elementos no esenciales y vivir solo con las cosas necesarias. Cuando tenga menos posesiones materiales de las que preocuparse, se sentirá más seguro sobre su futuro.

5. Ahorre sin importar la pequeña cantidad que pueda: poner algo en su cuenta de ahorros, sin importar cuán pequeña sea esa cantidad, seguirá contribuyendo a su seguridad financiera. Acostúmbrese a poner algo en sus ahorros.

Conclusión:

Espero que este libro pueda ayudarlo a comprender las razones por las que gasta, brindarle ideas sobre cómo frenar sus tendencias impulsivas de compra y ahorrarle dinero. Recuerde, hay pasos que puede hacer hoy para asegurarse de que no tendrá que preocuparse por si tendrá o no suficiente dinero durante sus años de ocaso. Solo se necesita cierta disciplina para ahorrar más y mucha moderación cuando se trata de gastar. Finalmente, si encuentra este libro útil de alguna manera, ¡siempre apreciamos una reseña en Amazon!

Lightning Source UK Ltd.
Milton Keynes UK
UKHW021444030720
365983UK00006B/919